T. n°27 19257

ELOGE

DE

MAXIMILIEN

DE BETHUNE,

DUC DE SULLY,

Sur - Intendant des Finances sous
Henri IV.

Par Mlle. MAZARELLI.

A PARIS,

Chez Du Chesne, Libraire, rue S. Jacques,
au-dessous de la Fontaine S. Benoît,
au Temple du Goût.

M. DCC. LXIV.
Avec Approbation & Permission.

ÉLOGE

DE
MAXIMILIEN DE BETHUNE,

Duc de Sully, Sur - Intendant des Finances sous HENRI IV.

SI l'amour de la Gloire n'eût jamais enflammé que des ames vertueuses, elles auroient suivi, pour arriver à l'immortalité, les routes de la sagesse & de la bienfaisance ; les Nations compteroient au nombre de leurs Chefs moins de Héros, plus de grands hommes. Mais l'ambition chercha des moyens de se signaler, plus éclatans & plus rapides ; la Guerre les offroit, on devint conquérant. Des Peuples détruits firent la célébrité des Vainqueurs ; l'Histoire consacra leurs actions, & la flaterie éleva des statues à ceux qui venoient de renverser des Trônes. Le tems remet tout à sa place ; le récit des

A

hauts faits eft accompagné de celui des crimes. La loi du plus fort tombe comme elle s'étoit formée. Que refte-t-il de ces trophées, monuments de l'orgueil & de la foibleffe ? Ils font enfevelis dans la pouffiere. Que penfe - t - on enfin de ces Héros ? Ils étonnent encore, ils ne touchent plus.

Tranquille dans fa marche, éclairée dans fes projets, inépuifable dans fes reffources, la vertu fit les grands hommes ; ils donnerent la Paix à des Peuples malheureux, releverent leurs Cités abbatues, ne les foumirent qu'à l'équité, affurerent leur bonheur ; la reconnoiffance a gravée leur mémoire dans tous les cœurs, & la tranfmet d'âge en âge à la poftérité. Nous prononçons encore avec autant de fenfibilité que de refpect le nom de Sully, ce nom fi cher, fi précieux à la Patrie. La Renommée, qui trop fouvent exagere la gloire du Héros, ne fçauroit égaler celle de ce grand homme ; entreprendre fon éloge feroit une témérité, fi le feul fouvenir de fes bienfaits n'étoit un hommage, & fi le fentiment ne fuppléoit à l'éloquence.

La France toujours guerriere, ne fut pas toujours vertueufe ; une politique impie alluma dans fon fein les feux de la haine & de la vengeance ! Ce n'étoient plus ces François si fidéles à leurs Rois, si généreux aux champs de la victoire, si recommandables par la franchise & la simplicité des mœurs. Victimes d'un fanatisme aveugle & barbare, ils ne respiroient que le meurtre, les ravages, les proscriptions; & cet Empire touchoit à ses derniers moments, si pour lui donner une nouvelle splendeur, le Ciel n'eut conservé HENRI IV. qui, joignant à ses qualités héroïques l'heureux talent de connoître les hommes, choisit pour ami, pour Ministre, Maximilien de Bethune Duc de Sully.

Agé de douze ans, Sully fut conduit par son pere à la Cour de Navarre *. » Je » ne puis vous enrichir, dit Bethune à son » fils; mais ayez des vertus, elles vous » placeront au-dessus de la fortune; pré- » parez-vous à supporter les malheurs, les » fatigues; attachez-vous au Maître que » je vais vous donner, & méritez l'estime » des gens d'honneur ». C'est ainsi que ce Pere éclairé voit & peint en grand les principes d'une sage conduite. A peine forti de l'enfance Sully les entend & les suit.

Bethune laissoit au vulgaire cette sévérité

---

* Économies Royales T. 1. pag. 40. édition d'Hollande *in*-16. 1725.

qui ne fert qu'à rendre fufpects & celui qui l'employe & celui qui l'éprouve : on peut croire que l'un a dans fon propre cœur des raifons pour craindre le vice, & que l'autre laiffe entrevoir des difpofitions à s'y livrer. Une ame forte ne fuccombe jamais, & tel penfe être féduit qui n'eft que foible. Sully avoit atteint l'âge des paffions & des erreurs; il accompagne le Prince de Navarre à la Cour de Cathérine de Médicis; cette Cour voluptueufe lui préfente des attraits flatteurs, mais dangéreux ; la fortune des moyens infaillibles , mais criminels; il ne peut être ébranlé ni corrompu ; l'honneur feul eft écouté ; plein de l'antique vertu de fes ayeux, Sully marche fous les Enfeignes de HENRI ; aimer ce Prince, vivre & mourir à fon fervice fut le premier ferment de fon cœur; fa vie entiere en fut l'accompliffement.

Il eft des hommes qui poffédent quelques talents ; Sully raffemble toutes les qualités : grandeur de courage , fermeté d'efprit, profondeur de politique, amour du bien : il a toutes les vûes du Légiflateur, & plus encore, l'ame du Patriote. L'orgueil porte fouvent des fujets ingrats à confacrer leur génie & leurs lumieres au fervice d'un Peuple étranger , quelquefois même ennemi de leur Nation ; toujours occupé de la gloire de fon Roi ,

du bonheur de la France , Sully leur sa-
crifia sa fortune & ce repos trop vanté
par les Philosophes de nos jours. Puissent
les esprits froids , les cœurs arides , s'é-
chauffer, s'attendrir au récit des travaux
& des périls de ce grand homme ! Le
verront-ils avec indifférence, toujours prêt
de s'immoler pour la Patrie dans ces
champs d'honneur & de carnage, qu'il par-
court sur les traces brillantes & rapides
de HENRI ? Au siège de Villefranche,
Sully renversé du haut des murs dans un
fossé profond , est assailli par des soldats
qui tentent de lui enlever son drapeau ;
mais ce drapeau que son Prince lui a confié , ne doit jamais passer dans des mains
ennemies : plus occupé du soin de le défendre que de celui de conserver sa vie ,
Sully donna l'exemple de ce que la fidélité peut ajoûter à la bravoure. HENRI
commande en personne à Cahors ; avec
quinze cents hommes, il surprend la ville
défendue par une nombreuse garnison ;
ce succès même devient un danger ; il
irrite, il enflamme, il arme jusqu'aux habitans, qui des toits de leurs maisons lan-
cent une mort certaine. Celui qui sou-
tient le choc des armes est écrasé sous les
débris des édifices ; un monceau de rui-
nes couvre Sully ; on l'en retire ; foible ,
respirant à peine , il demande , il apprend

où est son Roi ; un si tendre intérêt ranime toutes ses forces ; il vole où HENRI, presque seul, est entouré d'un Peuple furieux qui se renouvelle sans cesse. Tout est attaqué, tout resiste ; plus on gagne de terrein, plus on s'interdit la retraite ; il faut vaincre ou périr. HENRI brave les efforts des ennemis, les repousse, les terrasse, les anéantit ; & Sully que son armure brisée livre à tous les coups, Sully meurtri, déchiré, sanglant, combat pendant cinq jours & cinq nuits sans jamais abandonner son Maître.

L'éloquence la plus rapide ne pourroit suivre Sully dans ces marches périlleuses, dans ces assauts renaissans, dans ces rencontres multipliées, où toujours brave, quelquefois téméraire, il donna des preuves de sa vaillance & de son génie ; Eause, Mirande, Saveuse, Nerac, Mont Segur... vous fûtes témoins de ses exploits & de ses succès ; ils ne paroîtront foibles aujourd'hui, qu'à ceux qui se dissimulent que le talent & le courage sont nécessairement portés au plus haut point dans l'homme qui combat avec peu de monde, bien différent de celui qui, confondu dans un corps considérable dont il reçoit l'impulsion, a toujours bien fait s'il n'a pas fui.

Charbonnieres & Montmélian sont asfiegés par Sully. Chef & foldat il ordonne, il attaque ; une lance à la main, bravant le feu de la Place, il fonde, il en reconnoît le foible, pointe l'Artillerie, monte le premier à l'affaut, arbore fur les murs l'Etendart victorieux de la France.

Sully fut utile à fon Roi par les armes ; le malheur des tems exigeoit encore d'autres fecours. Quelques troupes de celles qui combattent moins pour illuftrer leur vie, que pour affurer leur fortune, menaçoient de fe retirer ; Sully vend fes biens, fuit fon Maître à Coutras, & contribue par l'artillerie qu'il commande, à la gloire de cette journée, qui réunit enfin le Roi de France & le Roi de Navarre. Cette union fi chere aux cœurs vraiment François, ne produifit pas tous les biens qu'elle fembloit promettre. Une main facrilége portée fur HENRI III. lui ôta le pouvoir de réparer des maux que fa foibleffe avoit rendus extrêmes. Sully détefte le coup affreux qui renverfe du Trône le dernier des Valois ; mais il leve les yeux avec tranfport fur le chef des Bourbons, à qui la naiffance & les vertus donnent enfin la premiere Couronne du Monde. Son ame s'élance au-devant des tems ; la gloire de HENRI, le bonheur de la France fe préfentent à fes regards : quelle image touchante pour un homme qui adore fon Roi, & qui chérit fa Patrie ?

HENRI se défend sous Arques avec un corps de trois mille hommes contre une armée de trente mille combattans. Sully le seconde, il chasse les Rebelles de tous les environs de Mante : sa fermeté dans une ville * presque sans Fortifications, en impose à l'armée entiere ; il jette du secours dans Meulan, contraint les Assiégeans de se retirer, force un des Faux-bourgs de Paris. La rapidité de sa course n'est interrompue que par la voix de son Maître, qui l'appelle dans les plaines d'Ivry : cet instant décisif augmente en lui le désir de combattre. Les troupes de Mayenne sont toujours supérieures en nombre ; mais sous les Enseignes de HENRI IV. on cherchoit les ennemis, on ne les comptoit pas. » Compagnons, *s'é-* » *crie le Roi*, ** vous courez aujourd'hui » ma fortune, je cours aussi la votre. Je » veux vaincre ou mourir avec vous.... » Si vous perdez vos rangs dans la cha- » leur du combat, ralliez-vous à mon » Panache blanc ; vous le trouverez tou- » jours au chemin de l'honneur & de la » victoire : marchons «. Le signal est donné : deux fois les troupes Espagnoles sont

---

* Passy ville en Normandie.
** Péréfixe Histoire de Henri le Grand, *in-*12. pag. 150 & 151.

enfoncées par Sully ; d'Egmont qui les commande , les rallie , les ramene à la charge & triomphe à son tour. Sully est percé de plusieurs coups ; son cheval tué sous lui le sépare un instant de ses Esca- drons ; il les rejoint , il se précipite au fort de la mêlée , il est par-tout où le zèle & l'honneur lui montrent une place. En vain son sang qui coule , l'avertit que ses forces ne secondent plus son ardeur ; ses derniers momens doivent être utiles à son Roi ; mais de nouvelles blessures lui ôtent le pouvoir de remplir un si no- ble dessein ; il tombe sans connoissance ; déja cent chevaux l'ont foulé sous leurs pieds.

Sully reprend ses sens ; il porte ses re- gards étonnés sur ces champs qu'il ne re- connoît plus ; le silence & la mort l'en- vironnent, les Armées ont disparu , la victoire & la fuite les entraînent loin de lui ; il ne sçait pas encore pour qui le Ciel s'est déclaré. Mourra-t-il dans cette affreuse incertitude ? Il se débarasse d'un monceau de corps froids & sanglans, par- mi lesquels il étoit confondu : quelle horreur s'empare de son ame ? Il voit flotter l'Étendart de *Lorraine* ; une troupe s'avance , Sully l'attend avec ce désespoir muet & tranquille qui défie la barbarie même d'augmenter les maux qu'on resfent. Quelle eft fa furprife ! lorfque ces mêmes foldats, qu'il croyoit avides de fon fang, lui remettent leurs armes, fe rendent prifonniers, & lui annoncent enfin que Mayenne eft vaincu. Qu'avec plaifir alors il accepta des fecours qu'il auroit refufés dans fa douleur, s'il eût apprit que la fortune avoit trahi les intérêts de fon Prince. Il ne manquoit au bonheur de Sully, que les marques de tendreffe & d'amitié qu'il reçut de fon Roi : les bontés du Maître ajoutent un fentiment flatteur à celui qu'on éprouve quand on a rempli fon devoir ; celles de HENRI firent plus encore, elles hâterent la guérifon de Sully ; tant il eft vrai que la fenfibilité de l'ame l'emporte quelquefois fur la foibleffe du corps.

Sully accompagne fon Prince devant Paris, que des fujets trompés défendent contre leur Maître légitime. François, qu'ofez-vous faire ! Vous combattez un Roi dont vous pleurerez long-tems la perte.... HENRI plus touché que vous de vos propres malheurs, renonce à la victoire ; fon cœur eft déchiré. Il eft affreux pour lui de voir fouffrir des Peuples qu'il veut appeller fes enfants : un moyen plus digne du grand homme s'offre à fes yeux ; l'Eglife lui ouvre fon fein ; Sully eft confulté ; Sully qui peut tout craindre pour fon parti

s'il perd un Chef tel que H E N R I IV.
n'héſite pas un moment entre ſes avantages particuliers & le bien public. Il eſt
aſſez éclairé, aſſez fidele, aſſez déſintéreſſé,
pour réſoudre ſon Roi à la plus noble, à la
plus importante de ſes actions.

A l'activité du Guerrier, Sully ſçut al-
lier la prudence du Négociateur. Tout autre auroit vû ſes deſſeins déconcertés à la
Cour de HENRI III. Cour artificieuſe &
biſarre, où regnoient le menſonge, la
ſuperſtition & la galanterie; où les con-
jectures les plus oppoſées trouvoient à
s'appuyer ſur d'égales vraiſemblances.
Sourd aux inſinuations, indifférent aux
carreſſes, inſenſible aux menaces, tranquille au milieu des orages, fidele à l'aſtre
qui regle ſa courſe, il ſçait éviter les é-
cueils, veiller aux intérêts du Roi de
Navarre, remplir l'objet important &
ſecret dont il eſt chargé. Dans un tèms
plus heureux, lors qu'HENRI IV. ſe vit
paiſible poſſeſſeur du Royaume, il fallut
un Ambaſſadeur auprès de JACQUES I. qui
venoit de monter ſur le Thrône d'Eliza-
beth. Cet emploi ne pouvoit être confié
qu'à celui qui avoit déja traité avec Eli-
ſabeth elle-même, c'eſt-à-dire, avec une
Reine digne de commander, & dont il
avoit mérité l'eſtime & les éloges. On
ſçait avec quelle noble adreſſe Sully dé-

termina le Monarque Britannique à suivre
le plan de sagesse & de bienfaisance qui
devoit assurer la tranquillité de l'Europe:

Le génie seul n'auroit jamais entrepris
ce que Sully exécuta ; un sentiment plus
actif & plus sûr, l'amour qu'il avoit pour
son Maître, étoit le principe de toutes
ses actions. Il ne demanda jamais de récompenses, il auroit crû dégrader ses ser-
vices & changer le sujet fidele en mercé-
naire avide. Il fut employé à traiter avec
des Provinces entieres ; incapable de se
laisser surprendre dans les pièges de la
fortune, il refuse des présents que des
villes accablées sous le poids de la guerre
offrent à un homme qui leur apporte la
Paix. Qu'on ne pense pas que la vanité
le conduise ; sans doute dans quelques
ames elle a brillé du coloris des vertus :
une motif plus pur parle à son cœur.
Sully veut apprendre à ses successeurs,
que tout ce qui ne vient pas de la main
du Maître deshonore celle qui reçoit.
Son zèle lui est garant de ce qu'il mérite;
mériter près d'un grand Roi, c'est obtenir;
où l'honneur est certain, l'intérêt est mé-
connu. Sully a partagé pendant vingt-cinq
ans les malheurs d'HENRI IV. épuisé sa
fortune pour soutenir ce Prince, répandu
son sang pour assurer sa gloire ; mais il
lui reste l'estime de son Roy & les ci-

catrices des bleſſures qu'il a reçues dans les combats.

La reconnoiſſance des Princes ne produit ſouvent que des richeſſes ; HENRI connoiſſoit trop Sully pour lui offrir ce qu'il avoit dédaigné ; la confiance ſeule pouvoit l'acquitter envers lui ; Sully devint le principal Miniſtre de HENRI. Ce fut en obligeant le ſujet à rendre de nouveaux ſervices, que le Monarque crut payer ceux qu'il avoit en déja reçus.

Ce n'eſt plus dans les champs de la Victoire, où ſon Roi l'enflammoit du feu de ſon courage, c'eſt dans les veilles pénibles du Gouvernement, que Sully va travailler au repos de la France.

S'il eſt un talent qui réuniſſe, en quelque ſorte, tous les autres, le talent de l'homme de guerre peut ſeul prétendre à cet avantage : en vain l'homme vieilli dans le cabinet voudroit faire croire qu'il n'appartient qu'à lui de régir un Empire ; ſa vue affoiblie dans l'ombre ne peut appercevoir les reſſorts d'un grand État. Financier, il n'eſt pas citoyen ; Magiſtrat, il eſt ſouvent mauvais politique ; timide dans ſes projets, lent dans leur exécution, il laiſſe échapper le tems, & le mal s'augmente. Le Guerrier vigilent, accoutumé à prévoir, agit facilement ; tous les dangers, tous les beſoins ſuivent les camps ; par les ſoins d'un Chef éclairé le soldat y trouve l'abondance & la sûreté des villes. Cet honneur, qui fait verser son sang pour la Patrie, ne souffrira jamais qu'on la sacrifie par des Traités honteux ; celui qui sçait conduire des hommes à la gloire, peut seul les faire arriver au bonheur : tel fut Sully. Avec une pénétration vive, un esprit juste , un zèle ardent , il conçut , il traça , il exécuta les Plans des opérations les plus difficiles. Que l'ignorance accuse la fatalité ; un Ministre sage sçait enchaîner les succès.

Si dans un État florissant on accepte, on recherche même l'honneur du Ministere , c'est que l'on est presque sûr de s'illustrer en suivant un ordre sage, établi depuis long-tems ; tout est gloire , pour ainsi dire ; mais alors tout étoit peine : les profusions des derniers regnes avoient épuisé les revenus ; les guerres civiles avoient intercepté toutes les ressources ; on ne pouvoit charger un Peuple qui succomboit sous le poids de la nécessité ; on l'eut détruit ; il falloit le conserver. Les maux s'accroissoient encore par un fléau plus funeste.... Il est une espece d'hommes plus dangereux qu'utiles, à qui , dans des tems de calamité , des Princes moins occupés de l'avenir que du moment , confient l'administration de leurs revenus. Ces hommes s'enrichissent , & du sein de la

bassesse

baſſeſſe ils s'élevent aux premiers rangs ; ce fut par eux que Sully commença la réforme des abus qui faiſoient pencher la France vers ſa ruine. Les Regiſtres de leurs crimes ſont ouverts par le Miniſtre de HENRI ; il perce les horreurs ténébreuſes dont ils s'enveloppent : leurs haines , leurs clameurs n'ont rien d'effrayant pour ſon courage ; leur flatterie , leur baſſeſſe rien de ſéduiſant pour ſon cœur ; des cris plus touchants troublent la grande ame de Sully : les Peuples de la campagne ne peuvent plus donner que leur ſang & des larmes ; la terre n'offre plus qu'un ſein arride au Laboureur découragé par l'impoſſibilité de jouir de ſa recolte ; il abandonne ſon champ , il renonce à la douceur de devenir le chef d'une famille qu'il verroit languir dans la miſere. L'habitant des villes ſéduit par le faſte du partiſan , préfére l'uſage trop facile de s'enrichir dans les *Affaires* à des moyens plus honnêtes , mais plus pénibles : le Commerce & l'Agriculture ſont annéantis ; Sully remet aux Peuples deux années d'impôts qu'ils n'avoient encore pû payer , & diminue de moitié tous les autres droits. Un Miniſtre moins habile auroit craint d'affoiblir les reſſources de l'État ; ſon intelligence *magique* , ce mot ſeul peut la peindre , ſçut augmenter les biens du

Roi en épargnant ceux des sujets. Il fait renaître la confiance, il encourage les travaux, les routes sont ouvertes, les rivieres sont navigables, la terre reprend son éclat avec sa fécondité; tout annonce qu'un Dieu créateur répand sur la France malheureuse, des biens dont elle fut long-tems privée.

Après avoir réduit l'argent à un intérêt modique, Sully bannit les monnoyes étrangeres qui n'ont que trop infesté Paris & corrompu ses habitans; il dissipe ces cohortes d'employés qui ruinent les Provinces, défend l'or sur les habits; il veut que la Noblesse ne doive sa grandeur qu'au mérite, & qu'elle ne puisse être confondue avec l'homme vil, à qui les richesses attirent une fausse considération.

Illustres descendans des anciens Nobles de la France, quelle gloire peut vous procurer votre luxe ? Vous n'atteindrez jamais à la magnificence de ces enfans de la fortune, qui, chaque jour, réparent les dépenses qu'ils font par les injustices qu'ils commettent. Ce n'est pas dans des Palais superbes que vous trouverez de vrais titres; si vous avez des mœurs, il ne vous faut qu'un champ & des armes. Comptez sur vos actions, si vous aimez la vertu pour elle-même; comptez sur vôtre Roi, si vous désirez des honneurs;

la majesté doit répandre son éclat sur ceux qui font sa grandeur & sa force. Un Fleuve en traversant les terres leur donne l'abondance & la fertilité ; mais ce sont elles qui le soutiennent & lui forment ce lit qui le porte jusques aux Mers. Sully est un témoignage éclatant que les récompenses ne manquent point aux travaux ; la fortune sans cesse repoussée par l'austérité du Ministre, fut contrainte, pour parvenir jusqu'à lui, de prendre le nom de la reconnoissance dans les mains du Monarque. Sully ne chercha ni les biens, ni les dignités ; ami de son Maître, il ne le servit que pour le voir le plus grand des Princes ; tendre, mais sévére, il sçut l'arrêter, quand sa facile bonté l'entraîna trop loin ; son consolateur dans ses peines, il lui rendoit la force qu'elles avoient affoiblie. Rois du Monde, qui n'êtes entourés que d'esclaves, & qui ne sentez que le prix du pouvoir, connoissez celui de l'amitié. Courtisans qui trompez vos Maîtres, craignez d'étendre jusques sur vos descendans l'opprobre dont vous vous couvrez ; & si jamais vous élevez vos désirs jusques sur le Ministere, apprenez de Sully qu'il n'est d'autre bonheur, que celui d'en procurer aux hommes que l'on gouverne. Éblouis par l'honneur d'être le premier dans l'Etat, on oublie souvent d'en être le foutien ; on oublie que le pouvoir de difpofer des richeſſes du Peuple n'eſt que celui de les faireſervir à ſa profpérité. Les tems de la guerre veulent ſans doute des reſſources extraordinaires ; mais l'incapacité ou l'infidélité les rendent ſi funeſtes,qu'on ne peut jouir des douceurs de la Paix lorfqu'elle eſt rendue au monde. Les malheurs s'accumulent, la confiance ſe perd, & le Miniſtre tombe dans un mépris dont toute la faveur du Prince ne peut le relever. Sully ſçut faire marcher les fecours avec les befoins ; mais il ſçut les faire ceſſer enfemble. Son pouvoir & l'amitié de HENRI ne l'aveuglerent pas fur la néceſſité d'être eſtimé de ſes concitoyens : il fuyoit ces plaifirs que la foibleſſe nomme délaſſement, & cette inaction criminelle, ſi révoltante pour le malheureux qui voit prolonger ſes peines. Pefant les intérêts facrés qui lui étoient confiés, il vouloit égaler chaque jour le bonheur de ſa Nation à la gloire de ſon Maître ; & ſes fuccès annonçoient au Roi ſes travaux. Un Prince peut aifément connoître ſi ſon Peuple eſt heureux ; qu'il examine cette foule qui s'empreſſe au tour de lui ; ſi l'on abuſe de ſon autorité, il ne verra qu'une froide curiofité, point de ces tranſports, de ces cris d'allégreſſe qu'infpire le bonheur &

la préfence de celui qui le donne. Qu'il lise fur les visages ; l'injuftice de fes Miniftres y fera gravée par la fombre tristesse. Qui peut fe dire comme Sully: *je n'ai* *voulu compter la longueur de ma vie, que par les fervices que j'ai rendus* ? Je n'ai fait couler ni le fang, ni les larmes ; & ma Patrie tient de mes foins l'éclat dont elle brille, l'abondance dont elle jouit. Oui, François, votre grandeur & votre félicité font le fruit des veilles de ce grand Miniftre ; vous lui devez vos premiers jours de gloire & de bonheur ; vous lui devez les moyens qui depuis, vous ont portés au plus haut degré de puiffance. La France s'eft formée dans fes mains laborieufes.

La carriere qu'il parcourut fut immenfe ; comme il avoit tous les talens, il eut tous les emplois. Grand Voyer, il rétablit les chemins ; Intendant des Bâtimens, il en repare, il en reléve, il en crée : par lui les Frontieres ne craignent plus les infultes des Ennemis ; Grand Maître de l'Artillerie, il remplit les Arfénaux d'armes & de munitions : par-tout la force eft prête à faire refpecter les Traités.

Mais tandis que la Renommée porte le nom de Sully dans l'Univers, que toutes les Nations envient à la France le bon-

---

* Econom. Royal. T. 1. p. 134. in-16.

heur de le poſſéder, les chagrins l'atten-
dent à la Cour. On n'eſt pas vertueux &
juſte impunément ; des ennemis ſecrets
ſoufflent un venin qui ne peut flétrir un
grand homme aux yeux de la poſtérité ;
mais qui donne pour le moment de cruel-
les atteintes à l'ame, & force l'innocence
à la triſte néceſſité de ſe défendre. Sully
ne crut pas devoir s'en tenir aux preuves
de trente années de ſervices; ſa conduite
eſt irréprochable ; ſes mains ſont pures
comme ſon cœur ; c'eſt dans le ſein de
HENRI qu'il dépoſe ſes peines, & c'eſt ſon
Roi qui devient ſon défenſeur. Sully
ajoute aux témoignages non équivoques
de l'intégrité de ſes travaux, l'état de ſes
biens ; exemple inconnu juſqu'alors, &
que ſes ſucceſſeurs n'ont point oſé ſuivre.
La calomnie dont il auroit pu devenir la
victime, ne refroidit point en lui l'ardeur
qu'il avoit à ſervir ſa Patrie ; l'ingratitude
ne révolte que l'orgueil, & ne laſſe pas la
vertu. Sully s'occupa plus fortement encore à garantir ſes concitoyens des maux
qu'ils ſembloient chercher; il étendit ſes
ſoins juſques ſur l'avenir le plus éloigné.
La force d'un Empire dépend de la ſa-
geſſe de ſon Gouvernement. Sully voulut
que la France put ſe ſoutenir elle-même,
ſi jamais un regne foible donnoit quelques atteintes à ſa grandeur. Pénétré de

l'amour de sa Patrie, il ne se borna point à des avantages momentanées ; il s'attacha à les rendre durables, en indiquant tout ce qu'il ne pouvoit exécuter. Que l'on porte les yeux sur ce qui existe d'utile aujourd'hui : tout est marqué du sceau de ce sage Législateur.

Le Militaire lui doit * des Hôpitaux pour le soldat malade, des Maisons de retraite pour les blessés, un corps d'Artillerie, des Provisions, des Magazins, le projet d'un ordre de Chevalerie, celui d'une École. La bravoure seule n'apprend pas à conduire des bataillons ; & Sully craignoit que le sang des François ne fut un jour prodigué par l'ignorance. Il fournit à la Marine des moyens pour la rendre formidable en la rendant guerriere ; il arma des Flottes pour protéger le commerce dans les Indes ; il entreprit de joindre les mers & les rivieres par un Canal commencé, & dont l'exécution étoit reservée à Louis le Grand; il trouva des ressources faciles sans charger le Peuple. Sully qui connoît sa Nation, sçait qu'elle n'est jamais si généreuse, que lorsqu'elle est libre. Mais le plus grand & le plus glorieux de tous ses projets, sans doute,

---

* Econom. Royal. T. 10. p. 313. in-16.

fut celui de cette Paix univerſelle, dont HENRI s'occupoit ſans ceſſe, & que ſon Miniſtre dirigeoit avec lui.

Sully voit enfin le jour où ſon Roi va devenir l'Arbitre & l'Ange Tutélaire du Monde..... Mais, quel bruit confus s'é-léve ? Sa Maiſon retentit de ce cri de douleur : *O Dieu ! Tout * eſt perdu ! la France eſt détruite !* Il fait en tremblant quelques queſtions précipitées ; que va-t-il apprendre ? Le plus grand des Héros, & le meilleur des Rois, HENRI expire au milieu d'un Peuple qui l'adore ! Paris eſt teint d'un ſang pour lequel toute la Nation répandroit encore le ſien. Sully en ſuit la trace ſacrée à travers une foule effrayée & tremblante, qui s'empreſſe au-devant de ſes pas. Un ſilence farouche a ſuccédé au tumulte ; l'on n'entend que les élans ſourds, mais terribles du déſeſpoir. La voix éteinte & la mort dans les yeux, les malheureux François levent leurs bras au Ciel & lui redemandent leur Roi. C'en eſt fait ; leurs maux ſont parvenus au comble, le crime eſt conſommé ! HENRI n'eſt plus ; Sully reſte encore ; ils penſent à le conſerver. Ils croient avoir tout à craindre pour lui ; un ſujet fidèle devient une victime néceſſaire à l'impunité ; on le ſuit, on l'ar-

---

* Econom. Royal. T. 11. p. 212. *in-*16.

rête, on veut l'arracher aux périls qu'il court, on lui ferme les chemins du Louvre, comme un lieu fatal à sa vie *. *Conservez-vous pour nous*, s'écrie le Peuple malgré les sanglots qui l'oppressent ; *Dieu n'a permis un si cruel malheur, que pour déployer sur nous ses vengeances ; nous sommes perdus, si vous nous abandonnez ; après avoir si bien servi le Pere, ayez pitié de ses Enfants.* Pénetré, déchiré par le spectacle touchant qui se présente, Sully reste immobile ; il hésite & ne sçait si les terreurs du Peuple n'ont pas quelques fondemens certains. . . . Mais pressé par le triste désir de voir encore son Maître, il avance ; s'il doit périr, ce ne sera du moins que sur le corps sanglant de son Roi. Il traverse le Louvre ; tout lui paroît dans un accablement profond, & la douleur est muette ; elle éclatte à l'aspect de Sully. La présence d'un homme qui fut aimé de HENRI IV. ranime les cris & les larmes ; Sully s'efforce en vain de cacher les siennes ; il craint d'ajouter au juste effroi qui s'est emparé des esprits ; mais il est un terme au courage ; l'ame elle même l'a marqué ; Sully céde enfin au désespoir le plus violent. Un objet précieux, offert pour le calmer, vient l'augmenter encore:

---

* Econom. Royal. T. 11. p. 213, 14, 15, 16. *in-16.*

c'eſt le fils de Henri qui des bras de la Reine paſſe dans ceux de Sully : il le reçoit avec tranſport ; il le preſſe contre ſon ſein, lui jure un attachement éternel. Louis XIII. apprend de ſa mere, qu'il voit * *le plus fidele & le plus utile des ſerviteurs du feu Roi : aimez Sully*, lui dit-elle, *& priez-le qu'il continue de vous ſervir*. Ce diſcours que le moment excitoit, fut bien-tôt oublié ; l'inſtant étoit marqué, où les ſervices de Sully ne ſeroient plus agréables, & Sully ne ſe le diſſimule pas. Malgré le trouble de ſes eſprits, il ſent le malheur de la France ; il connoît ceux qui vont gouverner ; ſon zéle ſera ſuſpect, ſa ſévérité importune, ſon économie inſupportable. On veut pourtant lui faire croire que l'on s'occupera du bien public ; on l'intéreſſe par cette image, on l'arrête par ſes devoirs ; mais des monſtres las de ramper ſous les loix de la vertu, levent leurs têtes de toutes parts, dans l'eſpoir de voir enfin triompher le vice. Déja la foible crédulité obéit à la ruſe ; on abolit des Édits de pacification ; on renonce aux Traités les plus ſolemnels ; on proſcrit tout ce qui refuſe de plier ſous le joug des nouveaux Favoris. Des tréſors

---

* Econom. Royal. T. xi. p. 222. *in*-16.

amaſſés pour le ſoutien de l'État, ſont prodigués à des hommes qui vont le ren-verſer : que peut Sully dans ce déſordre affreux ? Sous une Régence obſtinée à dé-truire tout ce que l'on a fait de biens, in-capable de ſentir tout ce qu'elle cauſe de mal, où l'on ne veut plus d'un homme vertueux, déjà ſa voix n'eſt plus entendue dans les Conſeils. L'ame de Sully ne peut ſouffrir l'avilliſſement ; la Cour n'eſt plus pour lui qu'un ſéjour de douleur ; il fuit, non pour chercher à diminuer ſes peines, pour affoiblir ſa douleur, mais pour s'y livrer tout entier, pour comparer la gran-deur du regne qui vient de finir avec la foibleſſe de celui qui commence. La Rei-ne feint encore de vouloir l'employer ; Sully connoît ſes deſſeins, & veut lui épargner la honte d'une action qui la cou-vriroit d'opprobre : il remet volontaire-ment la Sur-Intendance, objet le plus deſiré par ceux qui vouloient diſpoſer des revenus de l'État ; il s'éloigne, il em-porte avec lui l'eſtime & les regrets de la France. Un Miniſtre que tout un Peuple pleure, eſt au-deſſus des injuſtices de la Cour ; on l'honore, on le reſpecte ; ſes ennemis les plus cruels n'oſent ſe vanter de leur triomphe, & cachent leurs ſuccès honteux, quand Sully publie ſa diſgrace: tel eſt l'avantage du grand homme, tout ajoute à ſa gloire.

Si moins attaché à fa Nation, Sully eût pu trouver quelque plaifir à la voir malheureufe, il étoit bien vengé par les troubles qui s'éleverent à la Cour, dans le Confeil & dans les Armées : les Courtifans s'arrachoient les graces ; tous vouloient régir, tous vouloient commander, & parce qu'il n'y avoit plus de Chef, ils fe croyoient tous dignes de l'être.

L'éloignement de Sully remit la France prefqu'au même état où il l'avoit trouvée; ainfi l'ame échappée des liens du corps, le livre aux loix de la diffolution. Sully, comme un feu créateur, vivifioit tout par fa préfence, l'abfence de Sully replongea tout dans le cahos ; mais trop dévoué aux François dont il a fait le bonheur, il gémit d'avoir été contraint de les abandonner ; ils l'intéreffent, ils l'occuperont toujours. Que ne peut-il, du fond de fa retraite, veiller encore à leur tranquillité ! Après avoir perdu fon Ami & fon Roi, il ne lui refte que la douceur de faire des vœux pour fa Nation ; puiffe-t-elle n'avoir jamais befoin de fon fecours ! il le defire, fans l'efperer : l'art de gouverner a difparu avec Sully ; cet art, par lequel il fçut abbaifer le factieux, encourager le citoyen, renverfer le méchant & foutenir le foible.

Les Proteftans forment au fein de la

France un Peuple toujours prêt à se ré-
volter ; ils appellent Sully ; qu’il dise un
mot , & l’État est perdu ; mais il n’a pas
travaillé si long-tems à la grandeur de cet
Empire , pour être le moteur de sa ruine ;
on esperoit qu’il parleroit de vengeance , il
ne parle que de devoir , & reste fidele à
son Roi ; dût-il , victime de la Cour , devenir encore celle du Parti contraire.
Une action si généreuse apprit à ceux que
les passions trompoient , jusqu’à quel degré
l’homme peut s’élever par la vertu au-
dessus de l’homme même.

A la honte des Ambitieux qui n’avoient
aspiré qu’au moment d’éloigner Sully , le
Conseil de la Régence fut obligé d’a-
vouer qu’il étoit nécessaire ; la Reine lui
remit encore une fois les intérêts de la
France dans les Assemblées de Rouen &
de Loudun ; il ne démentit point la haute
opinion que l’on avoit de son génie & de
sa fidélité ; sa fermeté en imposa aux sé-
ditieux ; tout fut calme par ses soins. Sully,
depuis la perte de son Maître , avoit re-
noncé pour jamais au bonheur ; il sentit,
en servant sa Patrie , qu’il est au moins
des instans heureux pour le sage ; cette
idée consolante embellissoit sa retraite ;
aussi la préféra-t-il toujours à la Cour, qui
n’étoit plus à ses yeux qu’un théâtre décoré pour le vulgaire , où souvent l’on ne

voit que des sujets sans talents, sans vertus, usurpant à l'abri de la faveur, les honneurs dûs au mérite. Les Courtisans, ce Peuple désœuvré, oserent porter sur Sully les regards d'une maligne curiosité ; ses vêtemens leur paroissent antiques ; sa modeste contenance est prise pour la foible timidité. Sully n'est point décoré de ces Ordres que la politique inventa, dont l'orgueil abuse, & que la faveur donne. Il portoit un signe plus touchant pour les ames vertueuses : une chaîne d'or suspendoit sur sa poitrine une Médaille, où les traits de Henri IV. étoient gravés. Cette image précieuse qui semble accuser la bassesse des Courtisans, ne leur en impose pas encore ; ils ont la raillerie sur les levres, quand la honte devroit couvrir leur front. Mais Sully leur fait sentir enfin tout le mépris qu'ils lui inspirent ; SIRE, dit-il au jeune Louis XIII. * *lorsque votre Pere de glorieuse mémoire m'appelloit auprès de sa personne, il faisoit retirer ses Bouffons.*

Des objets plus dignes de Sully le ramenent dans ses Terres ; une disette affreuse désole sa Province ; il croit à peine la misere dont il est témoin : la France qu'il laissa si florissante, ressent déja des

---

* Supplément au nouveau Mémoire.

calamités ; effet prompt & terrible d'une mauvaise adminiftration ; Sully ne peut porter fes fecours en tous lieux ; mais dans celui qu'il habite on ne doit point fouffrir ; il ouvre fes mains généreufes, & rend le bonheur avec l'abondance.

Au milieu d'une famille qui le révére, Sully entouré de Nobles, de Vaffaux qui l'aiment & le refpectent, meut & régit tout par les mêmes principes qui l'ont rendu le plus grand des Miniftres & le premier des Sages ; on s'empreffe auprès de lui ; on s'inftruit à l'entendre ; on fe plaît à l'admirer ; fa magnificence fans fafte, fa générofité fans oftentation, une dignité fans hauteur, une bonté fans cette fauffe familiarité qui infulte ceux qu'elle accueille, la fimplicité, la décence de fes mœurs, la fermeté, la majefté même de fa conduite, tout le diftingue, tout le peint.

Sa vie réguliere annonce la gravité de fon caractere, & ce goût qu'il eut toujours pour l'ordre. Comme fon ame a befoin de faire des heureux, fon efprit a befoin de travail ; ces deux mobiles regloient tout fon tems. Il avoit confervé l'habitude de fe lever avec le jour ; une partie de fa matinée étoit employée à prendre connoiffance de tout ce qui concernoit les charges dont on n'avoit point ôsé le dépouiller ; l'autre à rédiger ces mémoires économiques, qui sont heureusement parvenus jusqu'à nous, & qui dèslors rendoient Sully plus utile à l'État, que ne l'étoient tous ceux qui l'avoient remplacé dans le Ministere. En rassemblant tous ses papiers, il relisoit les précieuses lettres de HENRI ; souvent il s'arrêtoit à contempler le portrait de ce Héros, il le pressoit de ses levres, il le baignoit de ses pleurs, se rappellant les malheurs de ce Prince & ses vertus, comparant sa bonté avec sa mort cruelle. Chaque instant enfonce dans son cœur le trait dont il est déchiré, & qui seul l'empêche de jouir de la tranquillité de sa retraite. En vain il s'occupe du bonheur de ses Vassaux ; il est digne époux, fidèle ami, tendre Pere ; ses larmes coulent sans cesse ; trente années qu'il survécut à son Maître chéri, ne purent en tarir la source ; & ses derniers soupirs eurent encore toute l'amertume des regrets.

F I N.

APPROBATION.

J'ai lû par ordre de Monseigneur *le Vice Chancelier*, un Manuscrit ayant pour titre : *Eloge de Maximilien de Bethune*, &c. & je n'y ai rien trouvé qui m'ait paru devoir en empêcher l'impression. A Paris, ce 10 Novembre 1763.

L'ABBÉ GRAVES.

www.ingramcontent.com/pod-product-compliance
Ingram Content Group UK Ltd.
Pitfield, Milton Keynes, MK11 3LW, UK
UKHW022357120726
13694UKWH00005B/1931